Ikram Chemlali

GEORGE SAND SOCIALISTE

Ikram Chemlali

GEORGE SAND SOCIALISTE

ETUDE DU ROMAN: LE MEUNIER D'ANGIBAULT

Éditions Muse

Imprint

Cover image: www.ingimage.com

Publisher:
Éditions Muse
is a trademark of
Dodo Books Indian Ocean Ltd. and OmniScriptum S.R.L publishing group

120 High Road, East Finchley, London, N2 9ED, United Kingdom
Str. Armeneasca 28/1, office 1, Chisinau MD-2012, Republic of Moldova, Europe
Printed at: see last page
ISBN: 978-620-4-96601-4

GEORGE SAND, SOCIALISTE
ÉTUDE DU ROMAN : *LE MEUNIER D'ANGIBAULT*

LE SOCIALISME DE GEORGE SAND
ÉTUDE DU ROMAN : *LE MEUNIER D'ANGIBAULT*

A mon cher cousin Mohamed AOUAD

« Vous m'écorcherez vive que je n'en démoderais pas. »
George Sand

Introduction

George Sand, a fait couler beaucoup d'encre. Par son génie d'écrivain et par sa vie personnelle tumultueuse, elle a éminemment réussi à attirer les regards sur elle pendant bien longtemps. Ses origines mixtes qui allient classes noble et populaire lui ont conféré un titre aristocratique mais avec un ample penchant vers la classe populaire.

C'est pratiquement sur la cause du peuple que George Sand s'engage dans son *Meunier d'Angibault*, qu'elle a choisi comme modalité de son engagement. Bien évidemment, George Sand a écrit de nombreux autres romans socialistes et *Le Meunier d'Angibault* n'en fait qu'un exemple. A'l'écriture du *Meunier d'Angibault*, Sand était bien gagnée aux idées socialistes, sous l'influence de nombreux membres de son entourage et spécialement de Pierre Leroux. C'est l'époque où le courant romantique atteint son summum, avec un tout début d'apparition du Réalisme.

Ainsi, le socialisme sandien va être bien marqué par ces deux courants littéraires. Conséquemment, c'est un socialisme qui va avoir un double aspect ; réaliste et romantique. Qui dit socialisme, dit justice sociale. De telle justice ne peut avoir lieu, d'après Sand, qu'à travers une collaboration entre les différentes classes sociales, et une adoption d'une certaine conduite. Subséquemment Sand, pense que la stratégie qui est capable de gommer l'inégalité entre les différentes classes sociales afin d'atteindre la justice, a un double aspect : d'abord l'abolition de la propriété, puis l'adoption du travail communautaire.

Si Sand a choisi de défendre son peuple à travers *Le Meunier d'Angibault*, il s'avère nécessaire d'avoir en plus de la cause et de la modalité de l'engagement, un but à atteindre et un message à transmettre. Notre travail consistera alors à relever dans le texte comment tous ces critères se manifestent – ils chez la dame de Nohant dans *Le Meunier d'Angibault* qui a fait vraiment écho, et dont la critique ardente qu'il a subie est une preuve certaine.

Bien évidemment nous aurions pu consacrer une partie à part qui traite du discours socialiste sandien dans *Le Meunier d'Angibaut.* Pourtant, force est de constater que ce discours est dissimulé partout dans toutes les parties que nous allons analyser, c'est pourquoi nous avons décidé finalement qu'une telle allure constituera probablement une simple redondance.

Un autre axe pourrait faire partie de notre analyse, il s'agit d'étudier la syntaxe du langage sandien dans *Le Meunier d'Angibault.* Encore, fallait-il possiblement s'arrêter sur l'usage répétitif du jargon berrichon, auquel la romancière fait appel à maintes reprises dans son texte, d'examiner aussi les motifs qui la poussent à faire de telles utilisations. Nous avons, fini par nous décider qu'un tel axe pourrait faire plus partie d'une recherche linguistique plus que d'un sujet littéraire.

Notre analyse va être axée sur trois repères nécessaires. D'abord nous allons éclaircir le double aspect que revêt le socialisme chez Sand, puis nous allons nous forger à analyser sa cause d'engagement ainsi que la vision qu'elle se fait de l'injustice sociale, avant d'aboutir à exposer le but pour lequel la romancière s'est engagée. Finalement, on jettera de la lumière sur quelques critiques qui ont été pour et d'autres qui ont été contre *Le Meunier d'Angibault.*

Partie I
Le socialisme sandien dans *Le Meunier d'Angibault*

Chapitre 1

Un socialisme réaliste

Le Meunier d'Angibault est en effet le texte où Sand exprime nettement ses idées socialistes à travers le personnage de Marcelle, parfois encore d'Henri, et par moments à travers le meunier surnommé le Grand-Louis. Ces personnages sont de vraies porte-parole des idées socialistes sandiennes dans ce roman, considéré comme socialiste, d'un socialisme à la fois romantique et réaliste.

En fait, par bien des aspects le socialisme sandien dans *Le Meunier d'Angibault* est réaliste. Puisque le moulin d'Angibault n'est pas un endroit imaginaire bien au contraire, il est bel et bien ancré dans la réalité au sein du Berry. Donc, il est « défini géographiquement » et « économiquement[1] ». Il fait partie de ces univers champêtres, que Sand adore décrire avec beaucoup de réalisme. En effet, c'est toujours à travers le personnage de Marcelle que le lecteur va découvrir les lieux. Or, le premier espace vraiment singulier qu'elle va rencontrer et qui fera l'objet

---

[1] George Sand, *Le Meunier d'Angibault*, Ed. Les Classiques de Poche, Paris, 1985 [1845], p. 20.

d'une description bien détaillée, n'est autre que le moulin d'Angibault, « où il semble que la destinée nous attire pour nous y faire accepter des joies, des tristesses ou des devoirs[2]. »

De ces lieux, Sand fait la description du contexte économique, et trace la « sociologie de l'argent[3] » en peignant la vie de la famille Bricoline dont l'argent a causé la folie de l'une de ses deux filles et le chagrin de l'autre. Néanmoins cet argent qui fait « tourner le monde comme l'eau la roue » du « moulin[4] », demeure le moteur profond de la société. Or, Sand « dénonce le règne malfaisant de l'argent[5] » parce que « c'est de l'argent volé [6] », « c'est l'héritage des rapines féodales[7] », « c'est le sang et la sueur du peuple[8]. »

Cette forte dénonciation de l'argent par G. Sand n'est pas anodine. Puisqu'à son sens, c'est l'argent qui a causé le grand écart social entre les pauvres et les paysans enrichis après la Révolution et

---

[2] Ibid, p. 77
[3] Ibid, p. 13
[4] Ibid, p. 404
[5] Michel Winok, *Les Voix de la liberté, Les écrivains engagés du XIX siècle*, Paris, Seuil, p. 247, 1985.
[6] George Sand, *Le Meunier d'Angibault*, p. 242.
[7] Ibid, p.242.
[8] Ibid

par conséquent, a produit l'injustice sociale sur laquelle la romancière s'engage dans son roman. Résolument, grâce à une forte représentation du contexte économique de la société berrichonne, l'imaginaire de G.Sand demeurera toujours enracinée dans la réalité.

De l'observation de cette réalité et de sa misère quotidienne, naît des personnages fort réussis tel le père Cadoche qu'on n'hésite pas à écraser car il bloque le passage. En fait, dans cette compagne qui n'a rien de très enjoué, « les faibles sont broyés, inexorablement [9] », ils sont totalement méprisés et marginalisés. En outre, le génie créateur de George Sand a donné naissance à d'autres personnages réalistes extrêmement réussis, et qui sont toujours des victimes de l'argent. Ainsi la folle, la Bricoline sœur ainée de Rose, a perdu la raison suite à un amour contrarié. En effet la cupidité des Bricolions l'on privée de son amour pour Paul simplement parce qu'il n'était pas assez riche, et encore la privent-ils des soins essentiels.

[9] Ibid, p. 15.

Ce personnage qui hante les ruines du château, semblable à un fantôme incarne un thème tout à fait ancré dans la réalité terrienne. Il s'agit du thème de la folie que Sand traite avec tous ses crises, ses cris et ses symptômes, et les décrits d'une façon hautement auguste. Ce personnage pousse le réalisme sandien à son extrême en informant le lecteur sur ce que peut devenir Rose, la sœur de la folle, si son amour était à son tour contrarié.

La vision réaliste et critique sandienne de la puissance de l'argent va se retrouver en effet dans les structures de l'intrigue. En fait, le couple Marcelle- Henri risque d'être séparé pour la dissimilitude de leur situation économique et financière. Aussi, le même problème se retrouve chez le Grand- Louis pour qui Rose est trop riche ; et le troisième couple dramatique celui de la folle et de Paul qui va tout perdre, et toujours à cause de l'argent.

Chapitre 2

Un socialisme romantique

La deuxième facette du socialisme sandien se veut romantique. Le Romantisme ici, est incarné surtout par le personnage de Marcelle. L'utopie de cette « candide du socialisme[10] » aristocrate, veuve et mère d'un enfant s'apparente énormément à celle de G. Sand car tout comme elle, l'héroïne pense que le changement social peut être bien réalisable pacifiquement, et sans nécessité d'aucune forme de violence. En effet, Marcelle croit que les riches devraient se débarrasser paisiblement de leur fortune afin de venir en aide aux pauvres, c'est de cette façon, à son sens, que l'égalité sociale sera sûrement et facilement atteinte.

Chemin faisant, dans *Le Meunier d'Angibault*, et afin de surpasser les entraves sociales et de rendre possible le mariage de son ami ; le Grand- Louis avec Rose, Marcelle est prête à sacrifier sa « terre

[10] Ibid, p. 11.

à bon marché[11] » pour la vendre à Mr Bricolin tout en lui imposant cette union comme une condition de son consentement. C'est là où réside l'utopie de Marcelle qui considère donc, les intérêts matériels comme la dernière de ses préoccupations, car ce qui importe le plus pour elle c'est plutôt l'amour, ainsi elle « se disait que, sous le tonnerre et la grêle, on peut sourire, à l'abri du premier buisson, avec l'être qu'on aime[12]. »

En fait, la jeune aristocrate est forte amoureuse d'Henri, le technicien qui est gagné aux idées socialistes et qui refuse de se lier par mariage à une noble du sang des oppresseurs. Cette dernière ne va pas baisser les bras, car elle est bien décidée à devenir digne de l'amour de Lémor : « je ne suis pas digne de vous ; mais je le deviendrai, car je le veux[13] » affirme Marcelle qui est totalement prête à renoncer aux privilèges de sa classe sociale et à sa fortune. Pour ce faire, la Parisienne se retire au fond du Berry et se rend dans sa propriété de Blanchemont (le château de Sarzay dans la réalité), pas trop loin du moulin d'Angibault où et

---

[11] Ibid, p.274.
[12] Ibid, p.44-45.
[13] Ibid, p. 51.

elle estime commencer « gaiement cette vie d'égalité dont l'idée lui souriait[14] ».

Là, elle va découvrir que son défunt mari a dissipé toute sa fortune avant de mourir, et qu'il ne lui reste que très peu de biens. Contente d'être ruinée, et totalement « indifférente aux jouissances de la richesse[15] » la jeune femme s'estime maintenant digne de l'amour de l'ouvrier. Si impatiente, et folle de joie, Marcelle écrit à son amant pour l'informer « Henri, quel bonheur ! Quelle joie ! Je suis ruinée. Vous ne me reprocherez plus ma richesse, vous ne haïrez plus mes chaînes dorées. Je redeviens une femme que vous pouvez aimer sans remords, et qui n'a plus de sacrifices à s'imposer pour vous[16]. » Maintenant tout est décidé pour Marcelle, elle ne va plus retourner à Paris, elle va rester au Berry où on peut vivre « heureux et sans soucis[17]».

Mais pour se rendre à sa demeure de Blanchemont, Marcelle est passée d'abord par le moulin d'Angibault « ce site paisible et

[14] Ibid, p. 91.
[15] Ibid, p. 140.
[16] Ibid, p. 142.
[17] Ibid, p. 78.

charmant, qui parlait à son cœur sans qu'elle sût pourquoi[18]». C'est un endroit admirable, et dès le début la végétation qui ressemble à un « tapis parfumé[19] » retient l'attention de l'héroïne.

Un peu plus loin, Marcelle s'enfonce plus en avant dans « les vastes bosquets » barrant le moulin et y aperçoit une sorte d'Elysée, fait de racines « entrelacées », d'une rivière qui se divise « selon son caprice », de gazon et d'herbes sauvages laissées à « leur libre croissance », spectacle que « jamais jardin anglais ne pourrait imiter[20]».

Le moulin est en fait le lieu où s'incarne et s'exprime l'utopie dont rêve Marcelle. C'est un lieu ouvert, accueillant et chaleureux qui reçoit systématiquement des visiteurs. En effet, ces personnages, qui viennent au moulin et le quittent continuellement signalent un élément que l'on ne saurait sous-estimer et sur lequel le texte capte régulièrement notre attention : il s'agit de l'importance du cheval ; Sophie dans les déplacements de ces personnages. Sophie qui « marche comme un vrai cheval de meunier, sans avoir besoin

[18] Ibid, p.77.
[19] Ibid, p. 75.
[20] Ibid, p. 80.

d'être guidée, connaissant son chemin par cœur, et se dirigeant dans l'obscurité, à travers l'eau et les pierres, sans jamais se tromper ni faire un faux pas[21]» est pour le meunier une aide indispensable et précieuse. L'attachement du meunier à cet animal est très marqué et le texte en témoigne abondamment.

En outre, Grand- Louis, afin de « charmer les ennuis de ses courses solitaires» chante en effet habituellement le « couplet naïf, jadis fort en vogue, mais qui ne se chante plus guère qu'au moulin d'Angibault[22]». C'est une chanson « que Rose lui avait apprise dans son enfance[23] ». Cet élément musical du portrait de Grand -Louis est étendu jusqu'au bruit régulier des sabots de son cheval. Sophie et le meunier dépeignent l'univers idéal et l'ordre utopique du moulin symbolisé par la composante sonore, ou plutôt musicale, qui leur est associée.

Toutes ces composantes qui retracent l'utopie de cet endroit naturel exposent et correspond parfaitement à l'utopie des rêves de Marcelle. Toutefois « Si *Le Meunier d'Angibault* est un roman

[21] Ibid, p.330.
[22] Ibid.
[23] Ibid, p.332.

socialiste, c'est par la façon dont il dénonce le pouvoir de l'argent, beaucoup plus que par l'utopie qu'il propose et dont Marcelle est le symbole[24]. »

[24] Ibid, p.12.

Partie II

L'engagement sandien dans *Le Meunier d'Angibault*

Chapitre 1

Sand et l'injustice sociale

« Ils sont tous mes ennemis. Ils m'ont torturée, ils m'ont enfoncé un fer rouge dans la tête. Ils m'ont attachée aux arbres avec des clous, ils m'ont jetée plus de deux mille fois du haut des tours sur le pavé. Ils m'ont traversé le cœur avec de grandes aiguilles d'acier. Ils m'ont écorchée vive ; c'est pour cela que je ne peux plus m'habiller sans souffrir des douleurs atroces. Ils voudraient m'arracher les cheveux, parce que cela me défend un peu de leurs coups… Mais je me vengerai ! J'ai rédigé une plainte ! J'ai mis cinquante-quatre ans à l'écrire dans toutes les langues pour la faire parvenir à tous les souverains de l'univers. Je veux qu'on me rende Paul qu'ils ont caché dans leur cave et qu'ils fassent souffrir comme moi[25]. »

Louise Bricolin, est devenue folle de chagrin, en lui interdisant d'épouser un jeune homme, qui n'était pas aussi riche qu'elle. Ce personnage nocturne qui erre à travers les bois dans la nuit, inspire à la fois la « peur[26] » car elle peut être très violente et la

---

[25] George Sand, *Le Meunier d'Angibault*, op. cit, p .326-327.
[26] Ibid.

compassion car la souffrance générée par ses crises de folie est décrite par l'auteur d'une façon magistrale. Ses parents refusent de la soumettre au traitement par peur de prodiguer de l'argent. A l'exception de sa sœur Rose et de sa grande mère, ayant beaucoup de peine pour elle, son existence n'est pas trop souhaitable et « on subissait sa présence comme un mal inévitable[27]».

« La vilaine femme[28] » n'est pas en effet le seul personnage indésirable, il y a aussi le père Cadoche, le mendiant de « la Pierre des morts[29]», dont on n'a pas hésité à lui passer dessus au moyen d'une voiture, « sur l'estomac, sur le ventre, sur les bras ![30]… » juste parce qu'il entravait le passage en occupant le milieu du chemin. « Ils m'ont écrasé, ils m'ont passé sur le corps ![31] » s'explique le mendiant, et il enchaîne «-oui, la voiture, la voiture…[32]»

---

[27] Ibid, p. 332.
[28] Ibid, p. 194.
[29] Ibid, p. 64.
[30] Ibid, p. 405.
[31] Ibid, p. 406.
[32] Ibid, p. 406.

Dans *Le Meunier d'Angibault*, les faibles n'ont pas de place dans la société berrichonne que peine George Sand. La châtelaine de Nohant, dénonce de façon atroce la manière dont ils sont traités. À plusieurs reprises l'écrivain a des accents francs et poétiques pour condamner l'injustice à laquelle ils sont soumis. Elle s'indigne et prend la partie des misérables qui sont à la merci de la classe bourgeoise. Subséquemment, Sand déclare :

« Vous voulez que je parle de la bourgeoisie, et que je ne dise pas qu'elle est bête et injuste ; de la société et que je ne la trouve pas absurde et impitoyable[33]». Impitoyablement encore, on fait souffrir le meunier d'Agibault et Rose Bricolin qui s'aiment fermement. Ne faisant pas partie de la même classe sociale, les deux amoureux endurent en silence. En effet le père de la jeune fille veut la marier à un homme riche, à un bourgeois comme lui. Or, le meunier n'est plus qu'un « paysan » mais il est très « fier [34] » de l'être : « Le Grand- Louis est estimé d'un chacun et de tout le monde » car « il est sage, honnête et doux...doux comme un

[33] Huguette Bouchardeau, George Sand Politique 1, Convictions et prises de position, Ed. HB Editions, Paris, 2004, p. 85.
[34] Ibid, p. 211.

agneau, bien qu'il soit le plus fort homme du pays[35]». « C'est le seul qui ne retienne pas double mesure et qui ne change pas le grain. Oui, c'est le seul du pays[36]». Ainsi, le décri Sand. Nous constatons, clairement ici que la romancière fait l'éloge du « meunier[37]» et à travers lui celle du peuple.

[35] Ibid.
[36] Ibid, p. 86.
[37] Ibid.

Chapitre 2

Sand et la cause du peuple

Par ses origines, G. Sand est à elle toute seule, une synthèse des contradictions sociales et économiques de son temps. À côté de sa moitié aristocrate, la romancière « a toujours rappelé ses origines populaires par sa mère[38] ». Sand affirme : « je tiens au peuple par le sang autant que par le cœur[39]». Aussi, confirme-t-elle « je n'oublierai jamais que le sang plébéien coulait dans mes veines [40]» c'est pourquoi souvent, «elle sera pour les opprimés, pour les pauvres[41]». La dame de Nohant s'engage sur la cause du peuple, et croit que celui-ci « doit faire son œuvre et y compter sur lui seul[42]» pour réaliser la justice sociale, au moment où « la guerre intellectuelle et morale était déclarée entre les diverses classes, imbues de croyances et de passions contraires [43] ». C'est ainsi que l'exprime Sand dans *Le Meunier d'Angibault* à travers le personnage de Marcelle gagnée aux idées socialistes de son

---

[38] Huguette Bouchardeau, *George Sand Politique 1, Convictions et prises de position*, op. cit, p.31.
[39] Ibid.
[40] Ibid, p.32.
[41] Claudin Chonez, *Ecrivains d'hier et d'aujourd'hui*, Ed. ACTES SUD, Paris, p. 60.
[42] Huguette Bouchardeau, *George Sand Politique 1, Convictions et prises de position*, op. cit, p.33.
[43] George Sand, *Le Meunier d'Angibault*, op. cit, p.45.

amoureux. De telles idées sont, à son sens « fort singulier aux yeux du monde, mais les seules vraies [44]». « La jeune baronne de Blonchement[45]», en s'adressant à Rose prend le parti du peuple, et fait une excellente plaidoirie en sa faveur :

« Hélas ! Chère Rose, dans un temps où l'argent est tout, tout se vend et tout s'achète. (..) De même que l'on paie les sacrements à l'église, il faut, à prix d'argent, acquérir le droit d'être homme, de savoir lire, d'apprendre à penser, à connaître le bien du mal. Le pauvre est condamné, à moins d'être doué d'un génie exceptionnel, à végéter, privé de sagesse et d'instruction.[46]»

Par la bouche de Marcelle, la romancière dénonce l'inégalité et l'oppression exercée par la bourgeoisie sur les pauvres gens. Voici une belle apologie du peuple où Sand souligne que la délivrance du peuple passe par son enseignement. Encore, la châtelaine de Nohant par son engagement «vise à plus d'efficacité sociale et politique. Aider à former le peuple de demain, le rendre capable de prendre en main sa destinée, telle est son ambition[47]. » En effet,

---

[44] Ibid, p.184.
[45] Ibid, p. 246.
[46] George Sand, *Le Meunier d'Angibault*, op.cit, p.188.
[47] Francine Mallet, *George Sand*, Ed. Grasset, Paris, p. 179, 1979.

« Ceux qui l'ont condamné à la servitude dès le ventre de sa mère, ne pouvant lui ôter la rêverie, lui ont ôté la réflexion [48]». La dame de Nohant, affirme aussi que « le peuple doit faire son œuvre et compter sur lui seul[49]». Sand croit énormément au peuple, pour elle « le peuple est un enfant terrible mais bon et grand[50]» tout en réalisant parfaitement que la seule voie qui peut l'amener à la prospérité c'est la voie de l'instruction. Sand pense « par-dessus tout à ceux des compagnes, au bon sens et à la droiture des paysans qu'elle a pu observer dans son cher Berry [51]».

Mais, Sand a toujours cru en la classe prolétaire également car elle pense que : « il y a en eux la semence de la vérité, le germe de la civilisation future [52]». C'est le personnage d'Henri qui incarne la classe prolétaire dans *Le Meunier d'Angibault*, c'est à lui que Marcelle va accorder la mission d'éduquer son enfant. En fait la baronne auquel veut que son fils devienne lui aussi un ouvrier dans sa vie future : « pourquoi ne serait- on pas à la fois un ouvrier

[48] Claudin Chonez, *Ecrivains d'hier et d'aujourd'hui*, op. cit, p.63.
[49] Huguette Bouchardeau, *George Sand Politique 1, Convictions et prises de position*, op. cit, p.33.
[50] Ibid, p. 33- 34.
[51] Claudin Chonez, *Ecrivains d'hier et d'aujourd'hui*, op. cit, p.62.
[52] Huguette Bouchardeau, *George Sand Politique 1, Convictions et prises de position*, op. cit, p.32.

laborieux et un homme instruit ?[53]». Il s'agit ici, d'un message fort, montrant à quel point Sand est convaincue que ce sont les ouvriers qui doivent se charger d'instruire les masses.

Ainsi, « elle (Sand) les encourage tous à s'épanouir, à écrire, à se cultiver, à agir. Elle leur fait comprendre que leurs dons doivent être mis au service de leurs frères et qu'ils doivent remplacer les bourgeois, sans le devenir eux-mêmes[54].» Dans *Le Meunier d'Angibault*, nous constatons que « George Sand y glisse des appellations en faveur de l'éducation des humbles[55]», tout en dénonçant la bourgeoisie.

---

[53] George Sand, *Le Meunier d'Angibault*, op. cit, p. 458.
[54] Francine Mallet, *George Sand*, op. cit, p. 177.
[55] Ibid, p.180.

Chapitre 3

Sand et la dénonciation de la bourgeoisie

Dans *le Meunier d'Angibault*, nous percevons clairement que la romancière valorise le paysan et l'ouvrier tout en dévalorisant le bourgeois. Ainsi elle peine de façon ahurissante la cupidité de Mr Bricolin qui profite des difficultés financières de Mme de Blonchemont afin de s'enrichir, « ainsi, vous voulez profiter des embarras de ma position pour réduire d'un sixième le peu qui me reste ?[56]» demanda Marcelle au fermier qui « cumulait les intérêts de son argent sans rien aventurer[57].» Livré à la paresse comme la plupart des paysans enrichis, « la digestion devient l'affaire de leur vie[58]» et «toute idée de dévouement à l'humanité, toute notion religieuse, sont presque incompatibles avec cette transformation que le bien-être opère dans leur être physique et moral.[59]»

Sand déteste l'égoïsme de ces bourgeois et se sent dégoûtée face à cette manière dont ils affectionnent l'argent « on peut donc dire

[56] George Sand, *Le Meunier d'Angibault*, op. cit. p .126.
[57] Ibid, p .118.
[58] Ibid, p.115-116.
[59] Ibid, p.115.

que l'argent passe dans leur sang[60]» à tel point que « la vie ou la raison doit fatalement succomber chez eux à la perte de leur fortune[61].» La romancière ne cache pas son antipathie face à ces fermiers, elle la peine avec beaucoup d'amertume quand Marcelle arrive à Blonchement et qu'elle fait la connaissance de la famille Bricoline.

La Parisienne ressent que « Rien de plus triste et de plus déplaisant que cette demeure des riches fermiers [62] ». Pire encore, Sand reconnait clairement qu'elle est « dégoutée de ces fermiers de mauvaise foi, plus juifs que tous les juifs du monde[63]» pour qui « les écus comptent plus que les sentiments[64]» et qui croient que « monnaie fait tout[65]». Toute fois Sand identiquement à Leroux « croyait à un âge d'or dans l'avenir, et prêchait une nouvelle répartition de la propriété au profit de la collectivité [66]».

---

[60] Ibid.
[61] Ibid.
[62] Ibid, p 102.
[63] Huguette Bouchardeau, *George Sand Politique 1, Convictions et prises de position*, op.cit, p.34.
[64] George Sand, *Le Meunier d'Angibault*, op. cit, p .109.
[65] Ibid, p .257.
[66] Claudin Chonez, *Ecrivains d'hier et d'aujourd'hui*, op. cit, p.60.

Partie III

Le but de l'engagement sandien dans *Le Meunier d'Angibault*

Chapitre 1

Abolition de la propriété

Comme Leroux, la dame de Nohant exprime sa condamnation pour la propriété : « je vous dis, moi, que je ne connais, et je n'ai connu qu'un principe : celui de l'abolition de la propriété[67].» Chemin faisant, c'est la même perception que nous allons retrouver dans *Le Meunier d'Angibault.* Ainsi, et afin de gommer l'inégalité sociale, le couple de Henri et Marcelle décide de se dépouiller de toute propriété dans le but de s'engager par la suite au sein de travaux communautaires.

Subséquemment, « Henri distribua à tous les ouvriers que son père avait longtemps pressurés le produit de cette vente, et, se dérobant, avec une sorte d'aversion, à leur reconnaissance (car il m'a dit souvent que ces hommes malheureux avaient été corrompus et avilis eux-mêmes par l'exemple et les procédés de leur maître), il changea de quartier et se mit en apprentissage pour devenir ouvrier lui-même[68].»

---

[67] Huguette Bouchardeau, *George Sand Politique 1, Convictions et prises de position*, op.cit, p.31.

[68] George Sand, *Le Meunier d'Angibault*, op.cit, p.181.

Marcelle lui emboite le pas. Aussi communique-t-elle sa décision à Rose, de la sorte : « je voulais imiter son exemple, et dissiper ma fortune personnelle en l'appliquant à ce qu'au couvent nous appelions les bonnes œuvres, à ce que Lémor appelle l'œuvre de rémunération, à ce qui est juste envers les hommes et agréable à Dieu dans toutes les religions et dans tous les temps[69].»

En effet, Sand tout en proclamant l'abolition de la propriété, est si consciente que ce n'est nullement une tâche facile, et que sa réalisation ne va pas se produire du jour au lendemain. Pourtant la romancière insiste sur la nécessité d'y croire afin que cela puisse se réaliser un jour. Aussi, assure-t-elle : « croyons au bien idéal, et faisons le plus possible pour le réaliser[70]».

Sand a une vision claire et perspicace. Ce qu'elle propose, c'est une gestion nouvelle de la propriété, et tout cela doit être réalisé au profit du peuple :

« En effet l'amour sauvage de la propriété domine les hommes, les petits et grand. Mais ce que nous sommes peut-être destinés à

---

[69] Ibid, p. 185.

[70] Huguette Bouchardeau, *George Sand Politique 1, Convictions et prises de position*, op.cit, p.35-36.

voir, si le peuple s'éclaire, c'est une gestion nouvelle de la propriété et une succession de formes par lesquelles nous la feront passer avant le siècle plus éclairé, où les lois régleront l'héritage, et restreindront le droit de l'individu tout en conservant dans de justes limites. Ceci est un idéal. Il faut l'avoir devant les yeux, et s'y laisser porter tout doucement par l'intérêt et le bon sens des masses.[71]»

Donc, Sand prêche pour la prospérité de son peuple. Elle a inlassablement rêvé d'égalité et de fraternité. À travers son œuvre et par le biais de ses personnages, elle a voulu réaliser ces rêves. « On parle d'une religion de fraternité et de communauté, où tous les hommes seraient heureux en s'aimant, et deviendraient riches en se dépouillant[72]», s'exprime Marcelle qui devient médiocre avec plaisir tout en perdant si tranquillement sa fortune. Elle considère les dettes que son mari avait amassées avant son décès, comme une aubaine. Finalement, ces dettes sont la parfaite solution qui va décidément la secourir, car c'est la seule chance qui va lui permettre de devenir pauvre et de mener une simple

[71] Ibid, p. 35.
[72] George Sand, *Le Meunier d'Angibault*, op. cit, p.187.

existence, tel qu'elle l'a choisi, au fin fond de la compagne où « elle commença gaiement cette vie d'égalité[73]».

Marcelle cherche une vie humble qui va se « réduire au nécessaire[74]» car « ce n'est pas ma faute, si j'appartiens à la noblesse[75]» affirme la jeune baronne, et « cette pauvreté, dont j'aurais pu faire vœu pour moi seule, c'est un baptême nouveau [76]». C'est un dénuement qui va lui rendre le grand service « de rompre toutes (ses) relations avec les puissants et les riches que Lémor considère comme des ennemis tantôt féroces, tantôt involontaires et aveugles de l'humanité[77].»

Donc, Marcelle s'incline aux « lois d'une religion et d'une morale qui répondent aux nobles besoins de l'âme et aux lois de la véritable égalité[78]» afin d'être digne de l'amour de Lémor d'abord, mais également « pour arriver à sauver l'humanité[79]». C'est ainsi qu' « elle (parlant de Marcelle) trouva le calme d'une résolution qu'elle seule peut-être pouvait envisager sans sourire

[73] Ibid, p. 91.
[74] Ibid, p. 190.
[75] Ibid, p. 96.
[76] Ibid, p. 186.
[77] Ibid, p. 185.
[78] Ibid, p. 190.
[79] Ibid, p.167.

d'admiration ou de pitié.[80]» Une résolution qui est à double facette : d'abord comme on l'a déjà montré, se dépouiller de ces richesses puis s'embaucher par la suite dans l'action communautaire.

À travers le personnage de Marcelle, Sand ne fait que passer ses idées qu'elle a acquises sous l'influence de Pierre Leroux : « George Sand n'est qu'un pâle reflet de Pierre Leroux, un disciple fanatique du même idéal, mais un disciple muet et ravi devant sa parole, toujours prêt à jeter au feu toutes ses œuvres pour écrire, parler, penser et agir sous son inspiration. Je ne suis que le vulgarisateur à la plume diligente et au cœur impressionnable, qui cherche à traduire dans ses romans la philosophie du maître[81]», avoue Sand. Conséquemment la résolution de la misère sociale, d'après Sand passe inévitablement par le travail communautaire.

---

[80] Ibid, p. 45.

[81] Michel Winok, *Les Voix de la liberté, Les écrivains engagés du XIX siècle*, op. cit, p. 241.

Chapitre 2
Le travail communautaire

« C'est le blé qui fera la farine… dont on fera le pain… que nous mangerons Mme Marcelle et Mlle Rose. On dit que Rose est trop riche pour épouser un homme comme moi : c'est pourtant moi qui lui fournis le pain qu'elle mange ![82] », Affirme le Grand-Louis. À travers ce personnage du meunier, Sand manifeste son appréciation pour la collaboration et la solidarité. Résolument, dans *Le Meunier d'Angibault*, au problème de la richesse et de la pauvreté les couples romantique et réaliste croient que le travail communautaire apportera une issue assurée. « Nous travaillons tous ensemble et nous nous associerons pour les profits[83] » affirme le meunier.

C'est au bord de la Vauvre, que les deux jeunes couples décident de vivre, collaborant étroitement ensemble dans le travail, et

[82] George Sand, *Le Meunier d'Angibault*, op.cit, p. 473.
[83] Ibid, p. 457.

mettant en commun leurs biens et leurs expériences. Car « quand chacun travaillera pour tous et tous pour chacun, que la fatigue sera légère, que la vie sera belle[84]» s'exprime Henri. Un avis auquel Marcelle, son amoureuse et sa futur épouse, adhère pleinement tout en affirmant « je voudrais qu'on ne fît travailler personne pour soi, mais qu'en travaillant chacun pour tous, on travaillât pour Dieu et pour soi-même par contrecoup[85].» « Et tout cela en commun, dit Marcelle, car je ne l'entends pas autrement ![86]»

Ce rêve d'engendrer une sorte de communisme idéal, de travail dans un encadrement champêtre, qui est celui de Marcelle quand elle revient à Blonchement est nettement un résumé du catéchisme à la manière de Leroux. En fait, « c'est l'époque ou elle (Sand) fait beaucoup de sacrifices pour les entreprises de Pierre Leroux, en particulier pour l'aider à monter une imprimerie communautaire[87]».

---

[84] Ibid, p. 289. 290.

[85] Ibid, p. 164.

[86] Ibid, p. 459.

[87] Huguette Bouchardeau, *George Sand Politique 1, Convictions et prises de position*, op.cit, p. 93.

Il s'agit d'un modèle de travail communautaire à Boussac, sorte d'imprimerie qui va embaucher un certain nombre d'ouvriers, tout en visant à gommer la misère à la campagne. Sous l'influence de Pierre Leroux, la romancière courbe ses sujets, se fait militante du progrès, des idées républicaines et « de l'égalité[88]», car depuis leur première rencontre G. Sand a eu l'occasion de connaître non seulement ses idées, mais d'y croire, d'assister à leur accomplissement, et même d'y collaborer. En parlant du travail communautaire dans *Le Meunier d'Angibaut*, Sand ne fait que retracer le projet que Pierre Leroux a concrétisé dans la réalité et dont la dame de Nohant était si fière. Parceque pour Sand, il n'y a qu'une seule solution « c'est être communiste comme la raison permet de l'être[89]».

[88] George Sand, *Le Meunier d'Angibault*, op.cit, p. 473

[89] Huguette Bouchardeau, *George Sand Politique 1, Convictions et prises de position*, op. cit, p.47.

Partie IV

Les critiques du *Meunier d'Angibault*

Chapitre 1

Les réactions défavorables

A l'achèvement de son roman, G. Sand se montre convaincue de bonne foi, que son roman aura des lecteurs : « je crois que cela pourrait être aussi bien reçu que l'ont été André et Valentine, puisque c'est dans le même genre, avec plus d'action[90]». Évidemment, le roman fut très réussi, mais dès le départ il dut le classer comme roman socialiste, plus que comme roman paysan ; d'où les interactions favorables et défavorables, exclusivement en fonction de l'idéologie du lecteur ; c'est ainsi que réagit aussi bien l'article de la Revue de Paris du 24 avril 1845, que celui du Populaire de 1841, le 13 juin 1845, ou encore celui de La Presse le 31aout 1845, ainsi que d'autres critiques.

La Revue de Paris, tout en flattant les vertus du style sandien, condamne ce qui lui parait une idéologie aberrante :

« L'auteur a beau, chaque fois que sa doctrine apparait dans les entretiens de ses personnages (et elle s'y montre souvent),

[90] George Sand, *Le Meunier d'Angibault*, op.cit, p.495.

l'entourer d'une sorte de mystère poétique, recourir à la généralité de l'expression, évoquer en fin les souvenirs des premiers siècles chrétiens : on ne peut s'y tromper ; le mot communisme ne se trouve nulle part, mais l'idée est partout. Tel est le système qui occupe à présent un esprit si puissant et autrefois si lucide. On saurait trop vivement déplorer ces funestes et incompréhensibles aberrations ou tombent quelques fois les plus belles intelligences.[91]»

Donc, pour la Revue de Paris, Sand n'ose pas encore avouer clairement son adhésion aux idées communistes, elle recourt à chaque fois à feindre ses penchants en utilisant des formules poétiques par la bouche de ses personnages. En outre la romancière fait appel à la généralité des locutions en vue de dissimuler ses convictions socialistes. Sand, jusqu'ici n'a pas eu suffisamment de courage pour dévoiler nettement son idéologie et pour assumer conséquemment ses choix, d'après la Revue de Paris.

[91] Ibid, p.496.

La presse, elle, se demandera cependant si l'enflamme finale n'est pas mélangé d'un peu d'humour : « il y a des moments où après avoir lu telle page, l'homme le plus imbu des sentiments aristocratiques irait tomber sous la poitrine des rouliers, les scieurs de long, et les serrer dans ses bras comme des frères[92]». La presse constate en fait que « toutes les fois que Sand plaide pour les pauvres, l'écrivain est sur le trépied ; un souffle volcanique de Cumes frissonne dans ses cheveux[93].»

Pour La Presse toujours, la synthèse à titrer du *Meunier d'Angibault* demeure nettement claire : « décidemment les écus ne sont bons qu'à rendre les filles folles, les mendiants voleurs, les grands-pères paralytiques ; prenons tous nos sacs d'écus et allons les jeter dans la rivière pour aller vivre dans *Le Meunier d'Angibault* sur les bords de la Varve [...] dans les vastes prairies ou les bœufs tracent de grands sillages dans les herbes et ou l'eau tombe en franges d'argent sur les bords des écluses[94]». Comme nous pouvons le constater, La Presse trouve la façon dont Sand

[92] Ibid, p.497.
[93] Ibid, p.497.
[94] Ibid, p.498.

traite la question de l'argent un peu exagérée, et plus fictive que réaliste.

Et par-delà les premiers réflexes journalistiques, le débat va se poursuivre ; en 1857, l'année des procès des Fleurs du Mal et Madame Bovary, Eugène Poitou, conseillé à la cour impériale d'Angers attaque à son tour, *Le Meunier d'Angibault* comme un livre fougueux : « l'argent du riche, il n'a pas été gagné par le travail du pauvre[95]». En fait, la manière dont Sand traite l'affaire de l'argent dans son texte qui rend le critique modérément furieux.

[95] Ibid. p. 242.

Chapitre 2
Les réactions favorables

Le Populaire de 1841 s'attise autrement : « G. Sand préserve dans sa voie ; il [...] accomplit la magnifique transformation qu'a subie son talent. Il apprend à ses lecteurs les souffrances du paysan ; il enseigne le peuple ; il développe les conditions nouvelles que la politique utilitaire impose à tous ceux qui veulent servir l'humanité[96].» *Le Meunier d'Angibault* est un « chef d'œuvre inspiré par une vive et profonde charité pour le peuple[97]» et s'inscrit dans un projet de cohérence à côté des autres romans socialistes sandiens, il n'est « que la suite de cet admirable enseignement que G. Sand a commencé par La Compagnon du Tour de France, Consuelo et Comtesse de Rudolstadt[98]». Le Populaire célèbre *Le Meunier d'Angibault*, tout en énumérant ses avantages et tout en développant un peu les messages que Sand a

[96] Ibid, p.496.
[97] Ibid, p. 496.
[98] Ibid, p. 496.

cherché à passer à travers lui, surtout l'affaire de la nécessité de l'instruction du peuple.

Parlons encore une fois de l'article de La Presse, mais cette fois si la critique faite, devient positive. Il aborde des remarques non sans intérêt sur le roman, comme genre de la totalité, capable de refléter la diversité de la réalité, genre dont le développement s'explique par la transformation de la société, et l'avènement au pouvoir des classes moyennes. Cet article aperçoit que G. Sand a l'esprit du roman, particulièrement parce qu'elle est en elle-même une mixtion de toutes les classes : elle a vécu dans un milieu bourgeois, et ses ascendants sont à la fois nobles et populaires. Son génie lui admet de répondre parfaitement à la vocation du roman.

Toujours pour La Presse, Sand calque en elle la nature universelle du roman. « L'idée du *Meunier d'Angibault* est éminemment sociale. G Sand veut démontrer que l'argent, ou comme disent les économistes, le capital, est un obstacle aux passions humaines, voulues et sanctifiées par Dieu, ressenties et honorées par l'homme[99] ». La Presse trouve que Sand a totalement le droit de placer dans son roman des modèles idéals, des idées utopiques. Pourtant nous sentons que pour Pelletan (l'écrivain de l'article), G. Sand est plus performante quand elle brosse le réel ; avec l'amour du Grand- Louis et de Rose, « ici nous retrouvons la réalité de la vie, le roman de tout le monde. L 'auteur dépensa là sous son talent d'observation, toute sa verve[100]» ou encore, lorsqu'elle peint « la famille Bricolin, personnification de la petite bourgeoisie qui s'enrichit très honorablement aux dépens de tout le monde[101]».

Il est intéressant aussi de signaler que les études littéraires qui ont pu être réalisées sur *Le Meunier d'Angibault* demeurent vigoureusement marquées par cette conception politique de l'œuvre, que cela finisse par son exaltation, ou au contraire par un demi- silence. Toutefois, nous pouvons bien dire que *Le Meunier d'Angibault* pendant longtemps n'a pas eu la place qu'il mérite.

[99] Ibid, p.496.
[100] Ibid, p.497.
[101] Ibid, p.497.

Des études récentes cependant semblent montrer qu'une recrudescence d'intérêt s'annonce.

Conclusion

Dans notre travail, on s'est focalisé sur l'analyse du socialisme sandien sous son double aspect. Ainsi, il s'est avéré qu'il s'agit d'un socialisme plutôt réaliste que romantique. Sand avec son allure de peindre la réalité de la société berrichonne, garde les pieds sur terre et demeure ancrée dans la réalité malgré ses petits penchants romantiques voire utopiques par moments.

Le socialisme réaliste de Sand se manifeste notamment dans sa façon de critiquer la classe bourgeoise, et de dénoncer le pouvoir de l'argent. Cet élément n'est pas condamné en lui-même, mais dans la manière dont la bourgeoisie s'en sert pour opprimer les misérables et faire d'eux des esclaves à sa merci.

Pourtant, Sand s'obstine à libérer les pauvres, et à en faire des gens haussés et autonomes. La châtelaine de Nohant, vise alors à enseigner le peuple. Elle pense que sans instruction, l'émancipation de la classe populaire demeure absolument inexécutable.

Cependant, tout en insistant sur la nécessité de l'éducation du peuple, Sand dénonce sévèrement la bourgeoisie ainsi que sa façon d'exploiter les nécessiteux. La romancière à maintes reprises, condamne dans *Le Meunier d'Angibault* la façon dont les bourgeois s'enrichissent au dépit des pauvres mais également de la classe noble qui est en décadence. Cette classe ascendante est d'après Sand n'englobe des égoïstes, des paresseux et des cupides. Résolument, et toujours selon Sand, il s'agit d'une classe qui n'a qu'un seul but, le redoublement de l'argent qui passe par l'accroissement de la propriété.

Toutefois sur cette question de propriété, Sand a une vision claire. À travers *Le Meunier d'Angibault*, la dame de Nohant vise à influencer son public pour l'amener à penser comme elle que la vraie solution à l'injustice sociale réside dans l'abolition de la propriété. Sand croit que les riches doivent d'abord céder leur fortune aux pauvres, pacifiquement et sans aucune forme de violence avant de passer à la deuxième étape qui est celle de l'adoption du travail communautaire.

Dans le choix du travail communautaire comme partie de la solution au dilemme de l'injustice sociale, Sand dans *Le Meunier d'Angibault* ne fait que retracer comme nous l'avons déjà vu, l'expérience de l'imprimerie communautaire que Pierre Leroux à installer à proximité du Berry et dont Sand à énergiquement collaborer.

Le communisme ainsi que l'abolition de la propriété prêchée par Sand a suscité d'une part une ardente critique qui voyait dans *Le Meunier d'Angibault*, une attaque ouverte contre la propriété. Mais d'autre part, certains critiques ont salué son style et sa vision réalistes des choses.

Dans notre étude nous avons mis l'accent sur l'engagement sandien, ainsi que la façon dont ses critères se manifestent chez George Sand. La romancière a un but clair qui réside dans son ardente volonté à enseigner le peuple afin de le secourir de cette inégalité sociale dont il est victime. La dame de Nohant engage sa plume en vue de s'adresser à son large publique essentiellement parisien, en vue de lui dévoiler sa cause qu'il retrace de façon magistrale dans *Le Meunier d'Angibault.*

Notre travail, s'est focalisé sur le traitement de l'engagement sandien dans *Le Meunier d'Angibault*, tout en s'intéressant à la cause du peuple sur laquelle Sand s'est engagée. Pourtant, si enthousiasmante pourrait- elle se révéler, une étude qui se concentrera sur l'engagement de Sand, dans un cadre purement champêtre et singulièrement auprès de la classe laborieuse.

Table des matières

Bibliographie

- Bouchardeau (Huguette), *George Sand Politique 1, Convictions et prises de position*, Ed. HB Editions, Paris, 2004.
- Chonez (Claudin), *Ecrivains d'hier et d'aujourd'hui*, Ed. ACTES SUD, Paris, 2000.
- Mallet (Francine), *George Sand*, Ed. Grasset, Paris, 1979.
- Sand (George), *Le Meunier d'Angibault*, Ed. Les Classiques de Poche, Paris, 1985 [1845].
- Winok (Michel), *Les Voix de la liberté, Les écrivains engagés du XIX siècle*, Ed. Seuil, Paris, 1985.

Printed by Books on Demand GmbH, Norderstedt / Germany